朝讀經典

君子風度

中學生

馮天瑜／主編

7

本書編委會

/ 編輯說明 /

本套讀本的編寫，遵循如下原則：

一、注重中華文化的弘揚與教育。本套讀本從浩如煙海的傳統文化典籍中，遴選能夠涵養做人處事價值觀的、千古傳誦的經典原文，使學生透過誦讀學習，由淺入深地提高對中華文化的認知度，潛移默化地增強對文化的自覺與自信，認真汲取其思想精華和道德精髓，真正實現中華文化在青少年身上的傳承與弘揚。

二、尊重中華文化自身固有的特性。從「國文」（語言文字）、「國史」（歷史統系）、「國倫」（倫理道德）三個層面選取古典篇目，兼顧德性培育、知性開發與美感薰陶。因為中華文化本身即是「國文」「國史」與「國倫」的綜合，德性、知性與美感的統一。

三、 尊重學生發展不同階段的特點。選取篇目力求
平和中正，典雅優美，貼近生活，明白曉暢，
讀來趣味盎然；由易到難，由淺入深，循序漸進，
合理編排，使學生先領會傳統文化的趣、美、
真，進而達於善。

四、 兼顧篇章組合的系統性和多元性。以家國情懷、
社會關愛、人格修養為主線，分主題展示中華
文化。篇目選取不限某家某派，不拘文類，義
理、詩文、史傳等兼收並蓄，異彩分呈。同時
注意選文的易誦易記，便於學生誦讀。

中華文化源遠流長，凝聚著古聖先賢的智慧，亦
是安身立命的基礎與根本。本套書古今貫通，傳承優
秀文化；兼收並蓄，汲取異域英華，對推動中華文化
創造性轉化、創新性發展，以及培育才德兼備的下一
代，意義深遠。

本書編委會

目　錄

憂國憂民

　　古往今來，仁人志士都有一種博大的胸懷和積極入世的精神。他們不顧自身的憂患，不念自身的享樂，而將全天下的憂患看作是自身的憂患，將全天下的安樂看作是自身的安樂。他們仰則念國家安危，俯則思百姓苦樂，將國家公利、社會公義放在個人利益得失之前。只要有利於國家、有利於人民，他們總是公而忘私，奮不顧身。

❶憂民之憂①

《孟子‧梁惠王下》

　　樂②民之樂者，民亦樂其樂；憂民之憂者，民亦憂其憂。樂以天下，憂以天下，然而不王③者，未之有也。

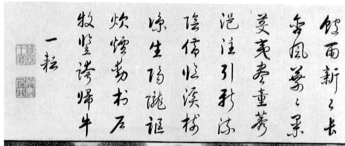

◀《雍正御製耕織圖‧一耘》（局部）〔清〕佚名

注　釋

①選自《四書章句集注》（中華書局 1983 年版）。標題
　為編者所加。第一個「憂」，指以……為憂愁。第二個
　「憂」，指憂愁。
②樂：以……為快樂。
③王（ㄨㄤˋ）：稱王。古代指統治者以仁義取得天下。

文　意

　　君王以百姓的快樂為自己的快樂，百姓也就會以君王
的快樂為自己的快樂；君王以百姓的憂愁為自己的憂愁，
百姓也就會以君王的憂愁為自己的憂愁。君王和天下人同
憂同樂，但還不能稱王於天下，這是從來不曾有過的事。

率獸食人

　　「率獸食人」出自《孟子‧梁惠王上》。

　　孟子講道：「統治者的廚房裡有肥嫩的肉，馬廄裡有健壯的馬，然而百姓面帶饑色，野外躺著餓死的人。這相當於統治者率領著野獸吃人！」「率獸食人」指統治者為政失職，只圖享樂，不關心百姓疾苦。

　　後來人們便以「率獸食人」比喻虐政害民。

▲《虢國夫人遊春圖》（局部）〔唐〕張萱

❷戒石銘①

〔五代〕孟昶

爾俸爾祿②，民膏民脂③。
下民④易虐，上天難欺。

注　釋

①選自《容齋隨筆》（中華書局 2005 年版）。標題為編者所加。戒石銘：兩宋時期州縣官署門前石碑上所刻的警誡官吏的銘文。

②爾俸爾祿：你的俸祿。爾，你。

③民膏民脂：這裡指從百姓身上榨取的財富。膏、脂，油。

④下民：百姓。

文　意

　　你們這些官吏的俸祿無不是百姓血汗換來的。百姓雖說好欺侮，但一切罪惡都瞞不過蒼天。

戒石銘的淵源

　　五代十國時期，後蜀皇帝孟昶為了整飭吏治，親自撰寫了〈頒令箴〉。〈頒令箴〉共二十四句九十六字。全文是：「朕念赤子，旰食宵衣。言之令長，撫養惠綏。政存三異，道在七絲。驅雞為理，留犢為規。寬猛得所，風俗可移。無令侵削，無使瘡痍。下民易虐，上天難欺。賦輿是切，軍國是資。朕之賞罰，固不逾時。爾俸爾祿，民膏民脂。為民父母，莫不仁慈。勉爾為戒，體朕深思。」

　　雖然孟昶有意革新吏治，但後蜀奢靡腐敗的風氣未能改變，終為宋所滅。

　　宋滅蜀後，宋太宗鑑於後蜀滅亡的歷史教訓，將〈頒令箴〉縮簡為四句十六字：「爾俸爾祿，民膏民脂。下民易虐，上天難欺。」這也就是我們今天所看到的戒石銘。

❸病起書懷①

〔宋〕陸游

病骨支離② 紗帽寬，孤臣萬里客③ 江干④ 。
位卑未敢忘憂國，事定猶須待闔棺⑤ 。
天地神靈扶廟社⑥ ，京華⑦ 父老望和鑾⑧ 。
出師一表⑨ 通今古，夜半挑燈更細看。

注 釋

①選自《陸游集》（中華書局 1976 年版）。
②支離：形容病後瘦弱的樣子。
③客：客居。
④江干：江邊。
⑤闔棺：蓋棺，指人死後。
⑥廟社：宗廟社稷，指代國家。

▲〈出師表〉〔唐〕李邕

⑦京華：京都。這裡指淪陷在金人手中的北宋京都汴京（今河南開封）。

⑧和鑾：又稱「和鸞」。和、鸞，古代車上的兩種鈴鐺。這裡指皇帝的車駕。

⑨出師一表：諸葛亮所寫的〈出師表〉。

文　意

　　我病後變得瘦骨嶙峋，紗帽戴在頭上都顯得很寬大，孤身一人客居在萬里外的江邊。雖然職位低微，但我時刻為國家的前途擔憂。評價一個人的功過是非，還是要等到他死後才能作出結論。天地神靈都會保佑扶助我們的國家，汴京的父老仍在日夜盼望著皇帝的車駕。〈出師表〉所講的道理是古今相通的，我在半夜又重新把燈撥亮，仔細地品讀。

陸游詩書傳家

　　陸游一生憂國憂民，他向來重視家庭教育，曾留下家訓，還寫了上百首教育子孫的詩。

　　這些詩，有的講述為人之道，如〈示元禮〉：「燕居侍立出扶行，見汝成童我眼明。但使鄉閭稱善士，布衣未必愧公卿。」

　　也有的講述讀書之要，如〈五更讀書示子〉：「吾兒雖憨素業存，頗能伴翁飽菜根。萬鍾一品不足論，時來出手蘇元元。」

　　還有的展現了憂國情懷，如〈示兒〉：「死去元知萬事空，但悲不見九州同。王師北定中原日，家祭無忘告乃翁。」

　　而陸游的子孫，沒有辜負他的期望，不論為民為官，都做到了憂國憂民、正直忠貞。

▲〈流民圖〉（局部）〔明〕周臣

❹寄李儋元錫①

〔唐〕韋應物

去年花裡逢君別，今日花開已一年。
世事茫茫難自料，春愁② 黯黯獨成眠。
身多疾病思田里③ ，邑④ 有流亡⑤ 愧⑥ 俸錢。
聞道欲來相問訊⑦ ，西樓望月幾回圓。

注　釋

①選自《韋應物集校注》（上海古籍出版社 1998 年版）。
　李儋、元錫，都是韋應物的好友。
②春愁：春天的愁緒。
③田里：田園。
④邑：古代貴族的封地。這裡指詩人自己所管轄的地區。
⑤流亡：流亡在外的百姓。
⑥愧：慚愧。
⑦問訊：探望，問候。

文　意

　　去年春天花開時和你們分別，不知不覺已過了一年。世間的事本來就很難預料，春愁又讓人黯然神傷，難以入眠。我身體素來多病，總想著辭官歸隱田園，但自己管轄的地區還有流離失所的百姓，領取俸祿更讓我感到慚愧。聽到你們要來看望我，我翹首盼望，西樓上的月亮已經圓了好幾回。

王孟韋柳

「王孟韋柳」是唐代擅長山水田園詩的四位詩人的合稱，四人分別是王維、孟浩然、韋應物和柳宗元。他們的身份地位和人生經歷有所不同，但在山水田園詩歌創作上，都有較高的獨特成就，並且在藝術風格上有相近之處。

王維的名句有：「人閑桂花落，夜靜春山空」「深林人不知，明月來相照」等。

孟浩然的名句有：「野曠天低樹，江清月近人」「春眠不覺曉，處處聞啼鳥」等。

韋應物的名句有：「寒雨暗深更，流螢度高閣」「春潮帶雨晚來急，野渡無人舟自橫」等。

柳宗元的名句有：「孤舟蓑笠翁，獨釣寒江雪」「桂嶺瘴來雲似墨，洞庭春盡水如天」等。

❺ 自京赴奉先縣詠懷五百字（節選）①

〔唐〕杜甫

杜陵有布衣②，老大③意轉拙。許身一何愚，竊比稷與契④。居然成濩落⑤，白首甘契闊⑥。蓋棺事則已，此志常覬豁⑦。窮年憂黎元⑧，嘆息腸內熱⑨。

杜甫像

①選自《杜詩詳注》（中華書局 1979 年版）。此詩寫於唐
　玄宗天寶十四載（755 年）十一月。杜甫從長安到奉先
　縣探望妻兒，就途中見聞所感寫成五百字長詩。

②杜陵有布衣：這裡是詩人自稱。杜陵，西漢宣帝劉詢的
　陵墓（在今西安附近）。杜甫曾在杜陵附近居住，自稱
　「杜陵布衣」「杜陵野老」。布衣，即平民。

③老大：年紀變大。

④稷與契：稷、契都是傳說中堯舜時代的賢臣。稷，即後稷，
　曾教民稼穡。契，曾幫助禹治水。

⑤濩落：亦作「廓落」「瓠落」，大而無用的意思。

⑥契闊：勤勞，辛苦。

⑦覬豁：希望達到目的。

⑧黎元：百姓。

⑨腸內熱：內心焦急。

文 意

　　我這杜陵布衣，年紀越來越大，反而變得笨拙。對自
身的期許是何等的愚蠢可笑，私下裡竟想做堯舜時代的賢
臣稷與契。到現在竟落得個落拓無成，連頭髮都白了，卻
甘受辛苦。死了也就算了，只要我還活著就希望能實現目
標。終年都在為百姓擔憂，嘆息愁思，內心焦急。

詩　史

　　杜甫在中國有「詩聖」之稱，而他的詩也有「詩史」的美譽。

　　杜甫雖然才學頗高，但在官場上並不得志，又身逢唐朝由盛轉衰的歷史時期，長期過著困頓的生活。安史之亂的爆發，使他有更多機會了解百姓疾苦。動亂中，杜甫用他的詩筆寫出自己的見聞和感受，全面而深刻地反映了社會現實。著名的敘事組詩「三吏」（〈新安吏〉〈石壕吏〉〈潼關吏〉）和「三別」（〈新婚別〉〈垂老別〉〈無家別〉），揭示了安史之亂給人民帶來的深重災難，表現了對人民的深刻同情。正因為如此，「杜詩」一詞也成為表現憂國憂民情懷文學作品的代稱。

口能誦

背誦本單元的課文並完成下面的填空。

(1) 爾俸爾祿，＿＿＿＿＿＿。＿＿＿＿＿＿，上天難欺。

(2) ＿＿＿＿＿＿＿＿＿＿＿＿，事定猶須待闔棺。

(3) 聞道欲來相問訊，＿＿＿＿＿＿＿＿＿＿。

學而思

1. 你知道「天下興亡，匹夫有責」這一觀點最早是由誰提出來的嗎？又是誰最終把它概括為這定型的八個字的呢？查一查，告訴大家。

2. 將下列詩文與對應的篇目及作者用直線連接起來，並思考詩文所蘊含的愛國憂民情感。

位卑未敢忘憂國，事定猶須待闔棺。	〈離騷〉	曹　操
臣心一片磁針石，不指南方不肯休。	〈揚子江〉	陸　游
長太息以掩涕兮，哀民生之多艱。	〈蒿裡行〉	文天祥
白骨露於野，千里無雞鳴。	〈出塞〉	徐錫麟
只解沙場為國死，何須馬革裹屍還。	〈出塞〉	王昌齡
但使龍城飛將在，不教胡馬度陰山。	〈病起書懷〉	屈　原

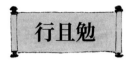

行且勉

　　舉辦一個以「憂國憂民」為主題的討論活動，談談愛國理想。

第二單元

鑑往知來

　　中國文化歷史悠久，為後人懷古思今、以史為鑑提供了豐富的素材。觀覽史籍，登臨古跡，成敗興亡，每每使人興詠嗟歎；人物風流，常常惹人追慕思憶。文人墨客的觀史懷古之作，褒貶讚彈，無不投注了他們的感悟，寄託了深刻的憂患意識。前事不忘，後事之師，以史為鑑，對歷史經驗的珍視，正是中華文明得以接續傳承的重要原因。

❻汴河懷古（其二）①

〔唐〕皮日休

盡道隋亡為此河，
至今千里賴② 通波③ 。
若無水殿龍舟事④ ，
共禹論功不較多。

①選自《皮子文藪》（上海古籍出版社 1981 年版）。汴河，
　水名，在河南。這裡指隋代修建的通濟渠。隋煬帝時開
　掘了名為通濟渠的運河，主幹在汴河一段。
②賴：依賴。
③通波：水相通。
④水殿龍舟事：指隋煬帝乘坐龍舟下揚州之事。水殿，隋
　煬帝下揚州時所乘坐的船。這些船極其奢華，其內部的
　設計是宮殿式的，故稱水殿。龍舟，這裡指專供皇帝乘
　坐的船。

文　意

　　都說隋朝亡國是因為這汴河，但是到現在它還在流淌
不息，南北舟楫因此暢通無阻。如果沒有修造龍舟下揚州
的事情，那麼，隋煬帝的功績和大禹比也不會遜色。

▼〈清明上河圖〉（局部）〔宋〕張擇端

隋代大運河

　　中國是世界上最早開鑿運河的國家之一。早在春秋時期，陳、蔡、楚等國就開鑿了幾條重要的運河。到了隋代，運河建設有了很大的發展。

　　開皇四年（584年），開鑿大興城（今陝西西安）至潼關的漕運管道，連接黃河和渭水，名廣通渠。大業元年（605年），在洛陽西面，引谷、洛二水達黃河，再從黃河邊上的板渚（今河南滎陽東北）到達盱眙（今江蘇盱眙）入淮水，名通濟渠。同年，重開邗溝。邗溝北起淮河南岸的山陽（今江蘇淮安），南到江都（今江蘇揚州）以南的長江。大業四年（608年），引沁水南達於黃河，北通涿郡（今北京），名永濟渠。大業六年（610年），重浚加寬江南運河，北起長江邊上京口（今江蘇鎮江），南達錢塘江邊的余杭（今浙江杭州），名江南河。隋代大運河溝通了長江、淮河、黃河，促進了經濟的發展。

❼詠史①

〔唐〕李商隱

歷覽前賢國與家，
成由勤儉破由奢。
何須琥珀方為枕②，
豈得珍珠始是車③？
運去不逢青海馬④，
力窮難拔蜀山蛇⑤。
幾人曾預⑥南薰曲⑦，
終古蒼梧⑧哭翠華⑨。

注釋

①選自《李商隱詩歌集解》（中華書
局1988年版）。此詩係傷悼唐文
宗之作。

②琥珀方為枕：《宋書》記載，南朝
劉宋時期，寧州進獻名貴的琥珀
枕，但因北征需要琥珀治金瘡，宋
武帝即命將琥珀枕搗碎分給各個
將領。

〈對月圖〉〔宋〕馬遠

③珍珠始是車：《史記》記載，魏惠王向齊威王誇耀他有
　十顆直徑一寸的大珠，每一顆能照亮前後各十二輛車；
　齊威王說他有賢臣，那才是自己最珍貴的寶物。

④青海馬：一種產於青海湖地區的雜交馬，據說能日行千
　里。這裡比喻可任軍國大事的賢才。

⑤蜀山蛇：相傳，秦惠王送五位美女給蜀王，蜀王派五位
　壯士去接人。回來路過梓潼（今四川劍閣之南）時，看
　見一條大蛇進入穴中，五壯士拽住蛇尾想將蛇拔出。結
　果，山崩地裂，五壯士被壓死。這裡以「蜀山蛇」比喻
　宦官等惡勢力。

⑥預：參與。這裡指聽過。

⑦南薰曲：即〈南風歌〉，相傳為舜所作，據說一唱而天
　下太平。

⑧蒼梧：山名，即九嶷山，相傳是舜下葬的地方。

⑨翠華：用翠鳥羽毛作裝飾的旗，為皇帝用的一種儀仗。

 文　意

　　縱覽歷史，凡是成功的朝代與家族，其興旺必源於勤
儉，衰敗必起於奢靡。為什麼非要琥珀才能做枕頭？為什
麼裝飾有珍珠的車才是好車？時運不濟，無緣遇見千里馬；
力單勢孤，難以拔動蜀山的大蛇。有幾人曾經親耳聽過舜
的〈南風歌〉？天長地久，只有在蒼梧山對著翠華哭泣的
份兒。

〈南風歌〉

〈南風歌〉，相傳為上古歌謠。《禮記·樂記》記載：「昔者舜作五弦之琴，以歌〈南風〉。」

〈南風歌〉的歌詞是：「南風之薰兮，可以解吾民之慍兮。南風之時兮，可以阜吾民之財兮。」（見《孔子家語》）其意為：南風溫潤柔和地吹拂，可以解除民眾的愁苦。南風正當其時，豐富民眾的財物。這首古謠借舜帝的口吻，說世間萬物迎承南風的恩澤，抒發了中國古代先民對「南風」的讚美和祈盼之情，表達了作者憂民愛民的思想。

「南風」由此成為體恤百姓的意象，如白居易〈首夏南池獨酌〉：「薰風自南至，吹我池上林。」劉壎〈隱居通議·琴譜序〉：「擬〈清廟〉之古，賡〈南風〉之詩，聖人之製作也。」

⑧ 國以信立①

《資治通鑑》

　　國保於民，民保於信②；非信無以使民，非民無以守國。是故古之王者不欺四海，霸者不欺四鄰，善為國者不欺其民，善為家者不欺其親。不善者反之，欺其鄰國，欺其百姓，甚者欺其兄弟，欺其父子。上不信下，下不信上，上下離心，以至於敗。所利不能藥其所傷，所獲不能補其所亡，豈不哀哉！昔齊桓公不背曹沫之盟③，晉文公不貪伐原之利④，魏文侯不棄虞人之期⑤，秦孝公不廢徙木之賞。此四君者，道非粹白⑥，而商君尤稱刻薄，又處戰攻之世，天下趨於詐力，猶且不敢忘信以畜其民，況為四海治平之政者哉！

注　釋

①選自《資治通鑑》（中華書局1956年版）。標題為編者所加。

②信：誠信，信譽。

③曹沫之盟：春秋時期，魯國被齊國打敗，魯莊公因害怕而獻遂邑的土地與齊講和。於是，齊魯兩國在柯地會盟。

正當兩國簽訂協議時，曹沫突然手持匕首劫持了齊桓公。齊桓公被迫同意歸還侵奪的魯國土地。齊桓公脫離危險後，又想毀約，被管仲制止。

④伐原之利：晉文公攻打原國，與士兵約定了期限。可是期限已到，卻沒有攻下。晉文公不想失去信用，便回晉國去了。原國的百姓聽說這件事，紛紛歸順了晉國。

⑤虞人之期：魏文侯與管理範圍的官員約定外出打獵。到了約定的時間，天卻下起了雨，魏文侯還是按約前往。虞人，管理山澤苑囿的官員。

⑥粹白：純粹的白色。這裡指完美。

文意

　　國家要靠百姓來保衛，百姓要靠信譽來保有；不講信譽無法使百姓服從，沒有百姓便無法維持國家。所以古代成就王道者不欺騙天下，建立霸業者不欺騙四方鄰國，善於治國者不欺騙百姓，善於治家者不欺騙親人。不善治國與治家的人則反其道而行之，欺騙鄰國，欺騙百姓，甚至欺騙兄弟、父子。上不信下，下不信上，上下離心，以致一敗塗地。靠欺騙所占的那點兒便宜醫治不了因此受到的傷害，所得到的好處遠遠不能彌補失去的，這豈不令人痛心！當年齊桓公不違背曹沫以脅迫手段訂立的盟約，晉文公不貪圖原國而遵守信用，魏文侯不背棄與管理苑囿官員打獵的約定，秦孝公不收回對移動木杆之人的重賞。這四位君主的治國之道尚稱不上完美，而商鞅更是以冷酷無情著稱，但他們處於你攻我奪、爾虞我詐之時，尚且不敢忘記樹立信譽以收服民心，又何況今日一統天下的當政者呢！

《資治通鑑》

　　《資治通鑑》是中國一部著名的編年體通史，由北宋史學家司馬光和他的助手劉攽、劉恕、范祖禹等人歷時十九年編纂而成。

　　《資治通鑑》記事上起周威烈王二十三年（西元前403年），下迄後周世宗顯德六年（959年）。全書二百九十四卷。

　　書名「資治通鑑」，目的在於供統治者從歷代治亂興亡中取得借鑑。該書內容豐贍、體例精當，雖以年繫事，但同時吸取了紀傳體的優點，避免了編年體史書的通弊，凡遇重大的歷史事件，不再分見於多處，便於閱讀。

❾留侯論（節選）①

〔宋〕蘇軾

古之所謂豪傑之士者，必有過人之節。人情有所不能忍者，匹夫見辱，拔劍而起，挺身而鬥，此不足為勇也。天下有大勇者，卒然②臨之而不驚，無故加之而不怒。此其所挾持③者甚大，而其志甚遠也。……觀夫高祖④之所以勝，而項籍之所以敗者，在能忍與不能忍之間而已矣。項籍唯不能忍，是以百戰百勝而輕用其鋒⑤。高祖忍之，養其全鋒而待其弊⑥。此子房教之也。當淮陰⑦破齊而欲自王，高祖發怒，見於詞色。由此觀之，猶有剛強不忍之氣，非子房其誰全之？

①選自《蘇軾文集》（中華書局 1986 年版）。留侯，即張良，
　字子房，劉邦的重要謀士，被劉邦封為留侯。
②卒然：突然。卒，同「猝」。
③挾持：抱持。這裡指懷有的志向、才能。
④高祖：這裡指漢高祖劉邦。
⑤輕用其鋒：輕易發動戰爭，即濫用武力。鋒，銳氣。
⑥弊：困乏，衰敗。
⑦淮陰：指淮陰侯韓信。

　文　意

　　古代所說的豪傑之士，必定有超越常人的節操。遇到
難以忍受的事情時，普通人會拔出劍，衝上去爭鬥，這算
不上真正的勇敢。天下有堪稱大勇的人，對於意外事件的
降臨一點也不驚慌，無故受辱而不被激怒，這是因為他的
抱負十分宏大、志向特別高遠的緣故。……現在來看，劉
邦之所以能勝，項羽之所以失敗，就在於一個能忍耐、一
個不能忍耐罷了。項羽不能忍耐，因為百戰百勝，致使他
濫用武力。劉邦卻能夠忍耐，保存實力發展壯大，等待時
機而最後消滅項羽，這是張良指教他的結果。當韓信奪取
齊地之後，要脅劉邦封他為假王時，劉邦大怒，在言語和
表情上都表現了出來。從這裡可以看出，劉邦還是有不能
忍耐的時候。要不是張良，劉邦又怎能最終獲得勝利呢？

三　蘇

　　「三蘇」指北宋文學家蘇洵與其子蘇軾、蘇轍。王辟之《澠水燕談錄》稱：「蘇氏文章擅天下，目其文曰三蘇。蓋洵為老蘇，軾為大蘇，轍為小蘇也。」蘇氏父子於宋仁宗嘉祐初年到東京（今河南開封）應試時，受歐陽修賞識和推舉，很快以文名世，學者競相仿效。

　　三蘇皆位列唐宋八大家。其中，蘇洵以議論見長，蘇轍以記敘取勝，而蘇軾在詩、詞、文、書、畫等領域均有重要的建樹，成就最高。蘇洵有《嘉祐集》，蘇軾有《蘇東坡集》，蘇轍有《欒城集》等等。

▲〈中興四將圖〉（局部）〔宋〕佚名

❿岳鄂王墓①

〔元〕趙孟頫

鄂王墳上草離離②，秋日荒涼石獸危③。

南渡君臣④ 輕社稷，中原父老望旌旗。

英雄已死嗟⑤ 何及，天下中分遂不支。

莫向西湖歌此曲，水光山色不勝⑥ 悲。

注釋

①選自《松雪齋集》（中國書店 1991 年版）。岳鄂王，指
　岳飛。岳飛是南宋抗金名將，被秦檜等人誣陷致死。宋
　孝宗為岳飛平反並追諡武穆，宋寧宗又追封岳飛為鄂王。
②離離：繁盛的樣子。
③危：高聳的樣子。
④南渡君臣：這裡指南宋統治集團。南渡，南遷。
⑤嗟：嘆息。
⑥勝：禁得住。

文意

　　岳飛墓上荒草茂盛，秋日裡一片荒涼，只有高聳的石
獸。南渡的君臣輕視社稷，可中原父老還在盼望著王師的
旌旗。英雄被害，後悔晚矣，天下南北分治，最後也難以
支撐。不要向西湖吟唱此詩，湖光山色也禁受不了這樣的
悲傷。

靖康之變

　　北宋末年，東北的女真人建立了金國，並以摧枯拉朽之勢消滅了遼國，從宣和七年（1125年）開始，大規模展開對北宋的攻勢。宋徽宗不敢抵抗，又擔心背負亡國的罪名，於是將帝位傳於兒子趙桓，是為宋欽宗。宋欽宗改年號為靖康。

　　靖康元年閏十一月二十五日（1127年1月9日），金兵攻破北宋都城東京（今河南開封）。次年春夏之交，金兵在對東京大肆搜刮後，擄徽、欽二帝和宗室、後妃、大臣等數千人北去，同時帶走了北宋朝廷的輿服、禮器和許多珍貴的古籍圖表，北宋滅亡。

口能誦

背誦本單元的課文並完成下面的填空。

（1）盡道隋亡爲此河，＿＿＿＿＿＿＿＿＿＿＿＿。若無水
殿龍舟事，＿＿＿＿＿＿＿＿＿＿。

（2）何須琥珀方爲枕，＿＿＿＿＿＿＿＿＿＿＿？
＿＿＿＿＿＿＿＿＿＿＿＿＿＿，力窮難拔蜀山蛇。

學而思

國無信不立，民無信不保。請你想一想誠信對於個人與國
家的重要性。

行且勉

　　以史為鏡，可以知興替。你知道哪些鑑往知來的名言警句？
說出來與同學們分享。

第三單元

行己有恥

孔子說：「知恥近乎勇。」一個人只有懂得什麼是羞恥，才能自省自勉，奮發圖強。有羞恥心的人，能勇敢地面對自己的錯誤，戰勝自我，這是「勇」的表現。一個民族，也只有「知恥」，才能喚起洗刷恥辱、捍衛尊嚴的勇氣，激發出改造社會的巨大力量，使國家走向繁榮富強。

⓫行己有恥①

《論語‧子路》

子貢問曰：「何如斯可謂之士②矣？」

子曰：「行己有恥，使於四方③，不辱君命，可謂士矣。」

曰：「敢問其次。」曰：「宗族稱孝焉，鄉党稱弟焉。」

曰：「敢問其次。」曰：「言必信，行必果，硜硜④然小人哉！抑亦可以為次矣。」

曰：「今之從政者何如？」子曰：「噫！斗筲⑤之人，何足算也。」

①選自《四書章句集注》（中華書局 1983 年版）。標題為
　編者所加。行己，指立身行事。有恥，有知恥之心。
②士：商周最低級的貴族階層，後世成為知識份子的通稱。
③四方：即四方諸侯之國。
④硜（丂ㄥ）硜：形容淺陋固執。
⑤斗筲（ㄕㄠ）：容量小的容器。這裡比喻人的才識短淺，
　氣量狹窄。

　　子貢問：「怎樣才可以叫作士呢？」
　　孔子說：「自己在行事時，有知恥之心，出使四方諸
侯之國，能夠完成君主交付的使命，可以叫作士。」
　　子貢說：「請問次一等的呢？」孔子說：「宗族、鄉
里的人稱讚他孝順父母，尊敬兄長。」
　　子貢又問：「請問再次一等的呢？」孔子說：「說到
做到，做事果斷，不問是非地固執己見，那是見識淺狹的
人啊，但也可以說是再次一等的士了。」
　　子貢又問：「現在的執政者，您看怎麼樣？」孔子說：
「唉！這些器量狹小的人，哪裡值得一提呢！」

蘇武牧羊

漢武帝末年，蘇武奉命出使匈奴，結果被扣留。匈奴貴族多次威逼利誘，欲使蘇武投降，但蘇武堅貞不屈。匈奴便將他遷往北海（今貝加爾湖）邊牧羊，揚言要公羊生子方可釋放他回國。艱苦的環境，沒有使蘇武屈服。他在北海邊牧羊，每天拿著那根代表漢朝的旄節，以示時刻不忘自己的祖國。渴了，他就吃一把雪；餓了，就挖野鼠收集的野果充饑；冷了，就擠在羊群中取暖。這樣日復一日，年復一年，旄節上的犛牛尾裝飾物都掉光了，蘇武的頭髮和鬍鬚也變花白了。蘇武歷盡艱辛，留居匈奴十九年後，方得獲釋回國。他的事蹟，很快便傳揚天下。蘇武去世後，漢宣帝將其列為麒麟閣十一功臣之一，表彰其不辱使命的英雄氣概。

⓬勾踐知恥①

〔漢〕司馬遷

　　句踐②之困③會稽也，喟然④歎曰：「吾終於此乎？」種⑤曰：「湯繫⑥夏台⑦，文王囚羑里⑧，晉重耳奔翟，齊小白奔莒，其卒⑨王霸。由是觀之，何遽⑩不為福乎？」

　　吳既赦越，越王句踐反國，乃苦身焦思，置膽於坐，坐臥即仰膽，飲食亦嘗膽也。曰：「女⑪忘會稽之恥邪？」身自耕作，夫人自織；食不加肉，衣不重采⑫；折節⑬下賢人，厚遇賓客；振⑭貧弔死，與百姓同其勞。

①選自《史記》（中華書局1959年版）。標題為編者所加。
②句（ㄍㄡ）踐：亦作「勾踐」，春秋末年越國國君，西元前497年即位。越國敗於吳國，勾踐被迫投降並作為人質，侍奉吳王。後被放歸返國，臥薪嘗膽，重用范蠡、文種，使越國國力逐漸興盛，滅吳國而稱霸。
③困：圍困。

④喟（ㄎㄨㄟˋ）然：感歎、嘆息的樣子。

⑤種：勾踐的謀臣文種。

⑥繫：囚禁，拘禁。

⑦夏台：夏代的監獄名。

⑧羑（一ㄡˇ）里：殷代的監獄名。

⑨卒：終於，最後。

⑩何遽（ㄐㄩˋ）：何嘗，如何。

⑪女（ㄖㄨˇ）：通「汝」，你，你們。

⑫重（ㄔㄨㄥˊ）采：多種顏色的華美衣服。

⑬折節：屈己下人。即委屈自己，對人謙讓。

⑭振：同「賑」，賑濟，救濟。

 文　意

　　勾踐被圍困在會稽時，嘆息道：「我將在這裡度過餘生嗎？」文種安慰他說：「商湯被囚禁在夏台，周文王被囚禁在羑里，晉國公子重耳逃到翟，齊國公子小白逃到莒，他們最終都稱霸天下。由此看來，今日的處境，何嘗不是我們的福分呢？」

　　吳王赦免了越王勾踐，他回國後，就勞苦軀體，焦思苦慮，把苦膽掛在座位上方，坐臥飲食都能仰頭嘗嘗苦膽，並告誡自己說：「你忘記了會稽之恥嗎？」他親身耕作，夫人親手織布；吃飯沒有葷菜，不穿多種顏色的華美衣服；他能放下國君的架子對待賢人，以優厚的待遇對待門客；救濟窮人，弔祭死者，與百姓共同勞作。

共苦易，同甘難

　　越王勾踐臥薪嘗膽，一舉吞滅吳國，成為春秋霸主。范蠡、文種是輔佐越王稱霸的重要謀臣，功勳赫赫。越王滅吳後，范蠡功成身退，並留書信給文種說：「飛鳥盡，良弓藏，狡兔死，走狗烹。越王相貌尖嘴長頸，奸詐陰險，耐力強，可共患難不可共富貴。」但文種自恃功高，不聽從范蠡勸告，只是稱病不朝。於是有人進讒言說文種要謀反作亂，勾踐聽信讒言，賜死文種。他對文種說：「你當初告訴我七條對付吳國的策略，我只用三條便打敗了吳國，剩下四條在你那裡，你用這四條去地下幫助寡人的先王打敗吳國的先王吧。」於是文種自刎而死。

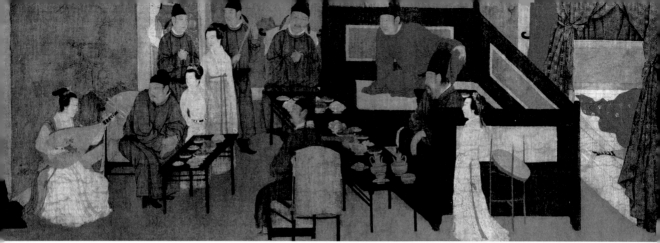

▲〈韓熙載夜宴圖〉（局部）〔五代〕顧閎中

⑬炫富之恥①

〔南北朝〕劉義慶

石崇與王愷爭豪，並窮綺麗②，以飾輿服③。武帝，愷之甥也，每助愷。嘗④以一珊瑚樹高二尺許賜愷。枝柯扶疏⑤，世罕⑥其比。愷以示⑦崇。崇視訖⑧，以鐵如意⑨擊之，應手而碎。愷既惋惜，又以為疾⑩己之寶，聲色甚厲。崇曰：「不足恨⑪，今還卿。」乃命左右悉取珊瑚樹，有三尺四尺，條幹絕世⑫，光彩溢目者六七枚，如愷許比甚眾。愷惘然⑬自失。

 注 釋

①選自《世說新語箋疏》（中華書局 1983 年版）。標題為編者所加。

②綺麗：泛指華麗的物品。

③輿服：車輛、冠冕、服裝和儀仗。

④嘗：曾經。

⑤扶疏：茂盛的樣子。

⑥罕：少有。

⑦示：給……看。

⑧訖：完畢。

⑨鐵如意：搔背癢的工具，因能解癢如人意，故名。後世
　演變成一種象徵吉祥的陳設品。

⑩疾：通「嫉」，嫉妒。

⑪恨：遺憾。

⑫絕世：世上獨一無二。

⑬惘然：失意的樣子。

石崇和王愷比闊鬥富，兩人都用最鮮豔華麗的東西裝飾車馬、服裝。晉武帝是王愷的外甥，常常資助王愷。他曾經把一棵二尺多高的珊瑚樹送給王愷。這棵珊瑚樹枝條繁茂，世間少有能與它相媲美的。王愷把珊瑚樹給石崇看，石崇看後，拿鐵如意敲它，珊瑚樹應手就被打碎了。王愷很惋惜，認為石崇是嫉妒自己的寶物，說話時聲音和臉色都非常嚴厲。石崇說：「不值得遺憾，現在就賠給你。」於是吩咐手下人把家裡的珊瑚樹全都拿出來，有三尺高的，有四尺高的，枝條樹幹世上獨一無二、光彩奪目的就有六七棵，像王愷那樣的珊瑚樹就更多了。王愷看了，神情頹喪，若有所失。

何不食肉糜

　　晉惠帝是西晉的第二代皇帝，在他執政時期，有一年全國發生了饑荒，百姓沒有糧食吃，只能挖草根、食觀音土，許多人因此活活餓死。消息傳到了皇宮中，晉惠帝坐在高高的龍椅上，聽完了大臣的奏報後，大為不解。他反問道：「百姓無粟米充饑，何不食肉糜？」意思是：「百姓肚子餓，沒有糧食可以吃，為什麼不去吃肉粥呢？」可見其奢靡與昏聵。

　　「何不食肉糜」這一典故，用來比喻對事物沒有全面認知，也指沒有親身經歷者對別人的處境或行為妄加評論或建議。

⓮沁園春·題張許雙廟①

〔宋〕文天祥

　　為子死孝，為臣死忠，死又何妨。自光嶽氣分②，士無全節③，君臣義缺④，誰負剛腸⑤。罵賊張巡，愛君許遠，留取聲名萬古香。後來者，無二公⑥之操，百煉之鋼。

　　人生翕歘⑦云亡⑧。好烈烈轟轟做一場。使當時賣國，甘心降虜，受人唾罵，安得流芳。古廟⑨幽沉，儀容儼雅⑩，枯木寒鴉幾夕陽。郵亭下，有奸雄過此，仔細思量。

注　釋

①選自《文天祥詩文選譯》（巴蜀書社1990年版）。

▶〈雪竹圖〉〔五代〕徐熙

②光嶽氣分：比喻國土分裂，即亡國。光嶽，高大的山。

③全節：保全氣節。

④缺：廢弛。

⑤剛腸：剛直的氣節。

⑥二公：指張巡、許遠。

⑦翕欻（ㄒㄧ丶ㄏㄨ）：倏忽。

⑧云亡：死亡。云，助詞。

⑨古廟：這裡指張巡、許遠廟。

⑩儼雅：莊重典雅。

 文 意

　　做兒子的能為孝死，做臣子的能為忠死，那就是死得其所。從唐朝安史之亂以來，國土分裂，士人罕能保全氣節，君臣之間的忠義廢弛，剛正凜然的正氣不存。張巡剛正罵賊直到雙眼出血，許遠忠君能守死節，他們都留下萬古芳名。後來的人已經沒有他們那樣的操守，那種百煉精鋼的忠誠了。

　　人生短暫，轉眼生離死別，更應轟轟烈烈做一番為國為民的事業。如果他們當時甘心投降賣國，則必受人唾罵，以至遺臭萬年，又怎麼能夠流芳百世呢？雙廟幽深靜穆，二公塑像莊重典雅。夕陽西下，枯木寒鴉，萬物易衰，而古廟不改。郵亭下，倘有奸雄經過，面對先烈，應當仔細思量、反躬自省。

顏真卿抗敵

天寶十二載（753年），顏真卿為平原郡太守，赴任後發現安祿山即將謀叛的苗頭。顏真卿便高築城牆，深挖河溝，訓練兵士，儲備糧草，積極防範。他一邊積極備戰，一邊以成天與賓客泛舟飲酒的假像迷惑安祿山。同時，他將安祿山即將謀叛的跡象密奏朝廷。天寶十四載（755年），安祿山反叛。一時之間，黃河以北盡皆淪陷，唯平原郡固若金湯。顏真卿聯絡從兄顏杲卿起兵，共討叛軍，附近諸郡紛紛響應，他被推舉為聯軍盟主，統兵二十萬，威震燕趙。為了穩定軍心，他忍痛將幼子換作人質，致使其流落中原。為討伐叛軍，顏氏一門多人殉國。

⑮士不知恥，國之大恥①

〔清〕龔自珍

　　士皆知有恥，則國家永無恥矣；士不知恥，為國之大恥。

　　歷覽② 近代之士，自其敷奏③ 之日，始進④ 之年，而恥已存者寡矣！官益久，則氣⑤ 愈偷⑥；望⑦ 愈崇⑧ ，則諂⑨ 愈固⑩ ；地益近⑪ ，則媚⑫亦益工⑬ 。至身為三公，為六卿，非不崇高也，而其於古者大臣巍然岸然⑭師傅自處⑮之風⑯，匪但目未睹，耳未聞，夢寐亦未之及。

　　臣節⑰之盛，掃地盡⑱矣。非由他，由於無以作朝廷之氣故也。

 注　釋

①選自《龔自珍全集》（上海人民出版社 1975 年版）。標題為編者所加。
②歷覽：遍覽，全面觀察。
③敷（ㄈㄨ）奏：臣下向皇帝陳述政治主張。
④始進：開始做官。
⑤氣：志氣，氣節。這裡指知恥的精神。
⑥偷：苟且，懈怠。

50

⑦望：名望。

⑧崇：高。

⑨諂：巴結。

⑩固：頑固。

⑪地益近：地位越接近皇帝。

⑫媚：逢迎討好。

⑬工：巧妙。

⑭巍然岸然：嚴肅、高尚的樣子。

⑮傅自處：為人師表。

⑯風：風格。

⑰臣節：人臣的節操。

⑱掃地盡：比喻丟盡、丟光。

如果讀書人都懂得廉恥，國家就永遠不會有恥辱了；如果讀書人不懂得廉恥，這就是國家最大的恥辱。

我觀察現在的讀書人，從他們向皇帝陳述政治主張、開始做官時起，具有廉恥之心的人就已經很少了。當官越久，知恥的精神就越懈怠；名望越高，巴結的惡習就越頑固；地位越接近皇帝，逢迎的手段就越巧妙。到做了三公、六卿，官位並非不高，然而，在他們身上，像古時候大臣那種高尚嚴肅、為人師表的風格，不僅沒有看到過，沒有聽說過，就連做夢也沒有夢到過。

大臣講究節操的盛況，已經完全沒有了。這沒有別的原因，只是沒能使朝廷官員振作起知恥精神的緣故。

火燒圓明園

圓明園素有「萬園之園」之譽，繼承了中國的優秀造園傳統，既有宮廷建築的雍容華貴，又有江南園林的委婉多姿，同時又汲取了歐式園林的精華，把不同風格的園林建築融為一體，曾被法國作家維克多 雨果譽為「理想與藝術的典範」。

1856年，英法聯軍挑起第二次鴉片戰爭，清軍節節敗退。至1860年，英法聯軍攻佔北京，於10月6日佔據圓明園。英法軍隊洗劫兩天后，向城內開進。10月11日，英軍派出千餘名騎兵和一個步兵團，再次洗劫圓明園。英國以清政府曾將英國駐廈門領事巴夏禮等囚於圓明園為藉口，將焚毀圓明園列入議和先決條件。10月18日，英軍衝入圓明園縱火焚燒，大火三日不滅，圓明園及附近的清漪園、靜明園、靜宜園、暢春園及海澱鎮均被燒成一片廢墟。在安祐宮中，近三百名太監、宮女、工匠葬身火海。這成為世界文明史上罕見的暴行。

警鐘長鳴，勿忘國恥。英法聯軍火燒圓明園，是中國近代恥辱的見證。

行知園

口能誦

我會背誦本單元所有課文並能完成下面的填空。

（1）為子死孝，＿＿＿＿＿＿，死又何妨。自光嶽氣
分，＿＿＿＿＿＿，君臣義缺，＿＿＿＿＿＿。罵
賊張巡，＿＿＿＿＿＿，留取聲名萬古香。後來者，
＿＿＿＿＿＿，百煉之鋼。

（2）士皆知有恥，＿＿＿＿＿＿；士不知恥，
＿＿＿＿＿＿。

學而思

閱讀下面學者劉夢溪的一段話，思考後面的問題。

博學於文，行己有恥

好學、力行、知恥，應該成為國民的公德和共德。換句
話說，就是「知行合一」「行己有恥」。「知行合一」是王
陽明的話，「行己有恥」是孔子的話。孔子的原話是：「行
己有恥，使於四方，不辱君命，可謂士矣。」孟子稱「羞惡

之心」是人作為人的「四端」之一，他以他一向直截了當的風格說：「無羞惡之心，非人也。」明末清初大思想家顧炎武則概括為八個字：「博學於文，行己有恥。」顧炎武強調，「士而不先言恥，則為無本之人」。他有句名言：「廉恥，立人之大節。蓋不廉則無所不取，不恥則無所不為。」一個人顯然不能什麼都做，總是有所為，有所不為。如果「無所不為」，就是人生的歧途乃至惡德了。你覺得作為中學生，在參與和諧社會建設中如何才能做到「行己有恥」？

行且勉

孟子說：「無羞惡之心，非人也。」
顧炎武說：「士而不先言恥，則為無本之人。」
請你說說他們的話對於構建和諧社會的借鑑意義。

君子固窮

　　「君子固窮」是指君子處於困境時仍能堅持自己的理想，不輕言放棄。這是中華傳統文化中極為寶貴的精神財富。本單元的課文展示了古人在困境中如何堅持理想。對於我們來說，仿效古人，樹立高遠的理想並能始終如一地堅持，是非常有必要的。

〈聖跡之圖·在陳絕糧〉〔明〕佚名

⑯君子固窮①

《論語·衛靈公》

　　在陳絕糧，從者病②，莫能興③。子路④慍⑤見曰：「君子亦有窮乎？」子曰：「君子固窮，小人窮斯⑥濫⑦矣。」

①選自《四書章句集注》（中華書局 1983 年版）。標題為
　編者所加。固窮，在困境中堅守理想。固，堅守。
②病：這裡指因饑餓而生病。
③興：起來。
④子路：孔子的學生仲由，字子路。
⑤慍：惱怒，內心不悅表現在臉上。
⑥斯：就。
⑦濫：氾濫，沒有節制。

 文 意

　　孔子在陳國斷絕了糧食，跟隨的人都餓病了，沒有人
能站起來。子路很不高興地來見孔子，說：「君子也有窮
困得毫無辦法的時候嗎？」孔子說：「君子雖然處於窮困
之境，但還能堅守信念。小人一窮困就無所不為了。」

孔顏樂處

孔門弟子三千，顏回是其中的佼佼者。

孔子曾經誇讚顏回說：「賢哉，回也！一簞食，一瓢飲，在陋巷，人不堪其憂，回也不改其樂。賢哉，回也！」孔子之意是說：顏回能夠為了自己的遠大理想，安居陋巷而又簞食瓢飲，但對理想的樂觀態度絲毫沒有改變。

顏回能夠堅守理想、好學上進，孔子給予他極高的評價。然而，天不假年，顏回早卒，孔子「哭之慟」。後世尊顏回為「復聖」，陪祀孔廟。

⓱困厄發憤①

〔漢〕司馬遷

　　古者富貴而名摩滅②，不可勝記，唯倜儻非常之人③稱焉。蓋文王拘而演《周易》；仲尼④厄而作《春秋》；屈原放逐，乃賦〈離騷〉；左丘⑤失明，厥有《國語》；孫子臏腳⑥，《兵法》修列；不韋⑦遷蜀，世傳《呂覽》；韓非囚秦，〈說難〉〈孤憤〉；《詩》三百篇，大底⑧聖賢發憤⑨之所為作也。此人皆意有所鬱結⑩，不得通其道，故述往事，思來者。乃如左丘無目，孫子斷足，終不可用，退而論書策，以舒其憤，思垂空文⑪以自見。

①選自《文選》（上海古籍出版社 1986 年版）。標題為編者所加。

②摩滅：消失。摩，通「磨」。

③倜儻非常之人：卓越傑出而不同尋常的人。倜儻，卓越，傑出。非常，不同尋常。

④仲尼：孔子，字仲尼。

⑤左丘：左丘明。傳左丘明著有《國語》。

⑥孫子臏腳：孫臏受了臏刑。孫子，這裡指戰國時期齊國的軍事家孫臏，著有《孫臏兵法》。臏腳，古代一種剔除膝蓋骨的酷刑。

⑦不韋：呂不韋。

⑧大底：即「大抵」，大多數，表示一般情況。

⑨發憤：發洩憤懣。

⑩鬱結：煩惱憂愁糾結不解。

⑪垂空文：留下文章。空文，是與具體的功業相對而言，即文章、理論。

古時候生前富貴但死後卻聲名不傳的人，多得數不清，只有那些卓越傑出而不同尋常的人才受後人稱道。像周文王被拘禁而推演《周易》；孔子受困窘而編定《春秋》；屈原被放逐，寫出〈離騷〉；左丘明雙目失明，寫出《國語》；孫臏受了臏刑，撰寫了《孫臏兵法》；呂不韋遷居蜀地，後世流傳著《呂氏春秋》；韓非被囚禁在秦國，寫出〈說難〉〈孤憤〉；《詩經》三百篇，大多是聖賢們抒發憤懣而寫作的。這些人都是心意情感被壓抑，鬱悶而無法排解，不能實現其理想，所以記述過去的事情，希望讓將來的人了解他們的志向。就像左丘明失明，孫臏斷了雙腳，終生不被重用，便隱退著書立說，來抒發他們的怨憤，希望通過留下著作來表達自己的思想。

周文王

在古人崇古的心理中，周文王被塑造成完美君王的典範，《詩經》中有「穆穆文王」的句子。

歷史上的周文王，是商紂時期周的首領，名昌，後被追尊為文王。周在當時西方諸侯中勢力較大，文王為西方諸侯的首領，被尊稱為「西伯」。

相傳，文王為政清明，能夠禮賢下士，在渭水河邊遇到懷才不遇的薑子牙，拜其為師，問以軍國之事，使「天下三分，其二歸周」。周在文王的治理下，逐漸強盛起來。又相傳，西周逐漸強大，引起商紂王的警覺，於是將西伯昌囚在羑里。西伯昌在此「演《周易》」。

西伯昌在位五十餘年，完成翦滅商紂的準備。到昌之子武王發時，周取代商而成為天下共主。

⑱送董邵南序①

〔唐〕韓愈

燕趙②古稱多感慨悲歌③之士。董生舉進士④，連不得志⑤於有司⑥，懷抱利器⑦，鬱鬱適茲土，吾知其必有合⑧也。董生勉乎哉！夫以子之不遇時，苟慕義強仁⑨者皆愛惜焉，矧⑩燕趙之士出乎其性者哉？

然吾嘗聞風俗與化移易，吾惡⑪知其今不異於古所云邪？聊以吾子⑫之行卜之也。董生勉乎哉！

吾因子有所感矣，為我吊望諸君⑬之墓，而觀於其市，復有昔時屠狗者⑭乎？為我謝曰：「明天子在上，可以出而仕矣！」

①選自《韓昌黎文集校注》（上海古籍出版社1986年版）。
②燕趙：周代的兩個諸侯國。
③感慨悲歌：即「慷慨悲歌」。《史記·刺客列傳》記載，戰國末期，荊軻、高漸離等人在燕國街市上常縱酒唱歌，歌罷哭泣。
④舉進士：被薦舉參加進士考試。

⑤不得志：沒有滿足心願。這裡指沒有被錄取。

⑥有司：指主管機關。唐代進士考試由禮部主持。

⑦利器：精良的器物。這裡指傑出的才學。

⑧合：遇合，遇到能賞識自己的人，得到器重。

⑨慕義強仁：仰慕而勉力實行仁義之道。

⑩矧（ㄕㄣˇ）：況且。

⑪惡（ㄨ）：怎麼。

⑫吾子：相當於「您」，古時對人的尊稱。

⑬望諸君：即樂毅，戰國時趙人，曾任燕上將軍，助燕昭王攻齊，後奔往趙國，趙王封他為望諸君。其墳墓在河北邯鄲西南。

⑭屠狗者：以屠狗為業的人。這裡指隱居街市的豪俠之士。

　　燕趙大地自古以來以多慷慨悲歌之士見稱。董生被薦舉參加進士考試，接連多次都落選。於是，他懷抱傑出的才學，鬱悶地前往燕趙一帶去。我知道您一定會得到賞識的，董生，勉力前行吧！您現在只是沒機會施展才華，如果是仰慕而勉力實行仁義之道的人都會被愛惜，何況這樣的品德原是燕趙豪俠之士的本性呢？

　　不過我曾聽說：風俗是隨著教化而改變的。我怎能知道那裡現在的風俗還和古時所說的一樣呢？姑且以您此行測試一下，董生，勉力前行吧！

　　我對於您去燕趙產生了一些感觸：請替我到望諸君樂毅墓前憑弔一番。您也去街市上看看，還有古時屠狗者那樣的豪俠之士嗎？請代我告訴他們：「現在聖明的天子在位，可以出來做官了。」

慷慨悲歌高漸離

　　高漸離，戰國末年燕人，善於擊打一種叫作「築」的樂器。

　　荊軻至燕後，與高漸離要好。在荊軻離燕去刺殺秦王政之時，高漸離在易水河邊擊築送別荊軻。先為「變徵之聲」，送別的人流淚哭泣；後又為「慷慨羽聲」，眾人怒目豎發。今人談及燕趙之地多慷慨悲歌之士，其典故即來源於此。

　　荊軻刺秦失敗後，高漸離更名隱居。秦始皇聞其善於擊築，令人熏瞎他的雙眼，以便為秦擊築。高漸離在築內暗藏鉛塊，撲擊秦始皇，沒有擊中，被秦始皇殺死。

⑲水龍吟・登建康賞心亭①

〔宋〕辛棄疾

　　楚天②千里清秋，水隨天去秋無際。遙岑③遠目④，獻愁供恨⑤，玉簪螺髻⑥。落日樓頭，斷鴻⑦聲裡，江南遊子⑧。把吳鉤⑨看了，欄杆拍遍，無人會、登臨意。

　　休說鱸魚堪膾⑩。盡西風、季鷹歸未。求田問舍⑪，怕應羞見，劉郎才氣。可惜流年，憂愁風雨，樹猶如此⑫！倩⑬何人，喚取盈盈翠袖⑭，搵⑮英雄淚。

注　釋

①選自《全宋詞》（中華書局 1999 年版）。建康，今江蘇南京。賞心亭，在建康城西水門城樓上。
②楚天：泛稱中國南方的天空。
③遙岑：遠處的山。岑，本指小而高的山，這裡泛指山。
④遠目：遠望。
⑤獻愁供恨：引起了鄉愁和國恨。
⑥玉簪螺髻：形容山峰的形狀。玉簪，古代婦女佩戴的首飾。螺髻，古代婦女螺旋形的髮結。
⑦斷鴻：失群的孤雁。
⑧江南遊子：詞人是北方人，客居江南，所以自稱江南遊子。

⑨吳鈎：古代吳地製造的一種彎刀，後泛指鋒利的刀。

⑩鱸魚堪膾：這裡借用的是西晉張翰的典故。張翰，字季鷹，吳（今江蘇蘇州）人，在洛陽做官，見秋風起，思念家鄉美味的蒪菜羹和鱸魚膾，便辭官回家。膾，切細的魚肉。

⑪求田問舍：買田造屋。漢末有個叫許汜的人，曾被劉備批評：「現在天下大亂，你只知求田問舍，謀求個人私利。」

⑫樹猶如此：借樹比人，慨歎歲月空度，壯志未酬。

⑬倩：請人替自己做事。

⑭盈盈翠袖：古時婦女的裝束。這裡指身穿美麗服飾的歌女。

⑮搵（ㄨㄣˋ）：擦拭。

　　南方的天空，呈現出一派秋天清新的氣息：水天相連，秋色無邊。極目遠望，那千姿百態的山峰，勾起我的鄉愁和家國之恨。家鄉淪陷，我身居異地他鄉，面對黃昏的落日，耳聞孤雁的哀鳴，抽出寶刀細看，拍遍亭上的欄杆，無人能體會我此時登樓遠望的心境。

　　不要說鱸魚膾之類的美味，西風吹起，我這個「張季鷹」還不能回去。如果我像許汜那樣只顧購置田產，必然會被劉備那樣的英雄恥笑。只可惜時光白白度過，我壯志未酬，只能為風雨飄搖的國勢憂愁嘆息。能請誰代我喚得歌女，為我擦乾眼淚呢？

木猶如此，人何以堪

辛棄疾的《水龍吟・登建康賞心亭》中，有「憂愁風雨，樹猶如此」一句，引用的是「木猶如此，人何以堪」的典故。

《世說新語・言語》記載，東晉大司馬桓溫舉兵北伐，途經金城，看見自己年輕時所種的柳樹皆已長成十圍之抱的大樹。他攀折柳條，泫然流淚，感歎道：「木猶如此，人何以堪！」

後來南北朝庾信在〈枯樹賦〉中將桓溫的話發揮為：「昔年種柳，依依漢南；今看搖落，悽愴江潭。樹猶如此，人何以堪！」

⑳酹江月·和友〈驛中言別〉①

〔宋〕文天祥

　　乾坤能大②，算蛟龍③、元④不是池中物⑤。風雨牢愁⑥無著處，那更寒蛩四壁。橫槊題詩⑦，登樓作賦⑧，萬事空中雪⑨。江流如此，方來⑩還有英傑。

　　堪笑一葉飄零，重來淮水，正涼風新發。鏡裡朱顏⑪都變盡，只有丹心⑫難滅。去去龍沙⑬，向江山回首青山如發。故人應念，杜鵑⑭枝上殘月。

 注　釋

①選自《文天祥詩選》（人民文學出版社 1979 年版）。酹江月，詞牌名，又名念奴嬌。和，唱和。有人認為是和鄧光薦。
②乾坤能大：天地這樣廣大。能，表示程度，相當於「如此」「這樣」。
③蛟龍：代指英雄豪傑。
④元：原來，原本。
⑤池中物：水中魚蝦之類。這裡代指無遠大抱負的人。
⑥牢愁：憂鬱不平之情。
⑦橫槊題詩：軍旅征途中，在馬上橫著長矛吟詩。多形容

文武俱備的豪邁瀟灑風度。蘇軾〈前赤壁賦〉中說曹操破荊州、下江陵時，「釃酒臨江，橫槊賦詩，固一世之雄也」。槊，長矛。

⑧登樓作賦：漢末王粲避亂荊州時，寫過一篇〈登樓賦〉，抒發自己對家鄉、故國的愁思。

⑨萬事空中雪：一切變成了空中飛雪。

⑩方來：將來。

⑪朱顏：年輕的容顏。

⑫丹心：忠誠之心。

⑬去去龍沙：向北方荒漠之地愈走愈遠。龍沙，指邊塞荒漠之地。

⑭杜鵑：鳥名。又名子規。初夏時晝夜不停啼叫。相傳為古蜀王杜宇之魂所化。

文　意

　　天地如此廣闊，你我都是胸懷大志的人，算得上是水中蛟龍，原本不是魚蝦般沒有遠大抱負的人。風雨淒迷，自身愁悶無處訴說，再加上四面秋蟲鳴叫不停，憂鬱之情更是難以排解。曹操橫槊賦詩，王粲登樓作賦，一切已如空中飄雪般過去了。然而，江水奔流不停，將來還會湧現傑出人物來完成未竟的事業。

　　可笑我如同一片飄零的葉子，再次來到淮水的那一刻，正是涼風剛起之時。年輕的容顏已經變得衰老，只有一顆赤誠報國的丹心難以熄滅。我將北去塞外，回頭遙望故國江山，青山隱隱如髮黝黑。希望老朋友以後懷念我的時候，就聽聽月下樹枝上杜鵑的啼鳴，那是我魂化杜鵑，南歸故國。

萇弘化碧

　　東周敬王時，有個大臣叫萇弘。萇弘忠心耿耿，盡心竭力輔佐周王，希望復興周王朝，但卻引起了其他諸侯國的不滿。晉國正卿趙鞅，離間了周敬王和萇弘的君臣關係，使周敬王猜忌萇弘與晉暗中有往來，將萇弘殺死。萇弘的冤死，引起了人們的憐惜同情，他們把萇弘的血用玉匣子盛起來，埋葬並立碑紀念。三年後，人們掘土打開玉匣一看，血已化成了晶瑩剔透的碧玉。

　　後人用「萇弘化碧」這個傳說故事來形容剛直忠正的報國之心。「碧血」也就成了忠誠的別稱，常與「丹心」合用。

行知園

口能誦

我會背誦本單元所有課文並能完成下面的填空。。

（1）君子固窮，_____。

（2）楚天千里清秋，_____。遙岑遠目，

_____，_____。落日樓頭，

_____，江南遊子。把吳鉤看了，

_____，_____、_____。

學而思

以下是《楚辭》裡的一段話，讀後請思考屈原為何不能「以皓皓之白，而蒙世俗之塵埃」。

屈原既放，游於江潭，行吟澤畔，顏色憔悴，形容枯槁，漁父見而問之曰：「子非三閭大夫與？何故至於斯！」屈原曰：「舉世皆濁我獨清，眾人皆醉我獨醒，是以見放！」漁父曰：「聖人不凝滯於物，而能與世推移。世人皆濁，何不淈其泥而揚其波？眾人皆醉，何不其糟而歠其醨？何故深思高舉，自令放為？」屈原曰：「吾聞之，新沐者必彈冠，新浴者必振衣，安能以身之察察，受物之汶汶者乎！寧赴

湘流，葬於江魚之腹中。安能以皓皓之白，而蒙世俗之塵埃乎！」漁父莞爾而笑，鼓枻而去。

行且勉

　　本單元課文裡有一段文字：「蓋文王拘而演《周易》；仲尼厄而作《春秋》；屈原放逐，乃賦〈離騷〉；左丘失明，厥有《國語》；孫子臏腳，《兵法》修列；不韋遷蜀，世傳《呂覽》；韓非囚秦，〈說難〉〈孤憤〉……」這裡列舉了哪些人物？請將他們的事蹟講給同學們聽，談談你對他們雖身處困境卻不懈追求自由與正義的理解。

容止風度

　　容止風度，指一個人外在的儀容舉止展現的美好姿態。「容止風度」這一主題展現了古人對外在儀容舉止的理解、要求以及審美。古人講求的容止風度包括兩個方面的內容：其一，一個人外在的儀容舉止需要符合一定的「禮」。其二，個人的儀容千姿百態，也有凸顯個性、呈現美感的另一面。讓我們去領略一下古人的容止風度吧。

㉑君子之表①

《禮記·表記》

子言之：「歸乎！君子隱而顯，不矜② 而莊，不厲③ 而威，不言而信。」

子曰：「君子不失足④ 於人，不失色⑤ 於人，不失口⑥ 於人，是故君子貌足畏也，色足憚⑦ 也，言足信也。」

▼〈聖跡之圖·誅少正卯〉〔明〕佚名

①選自《黃侃手批白文十三經》（上海古籍出版社 2008 年版）。標題為編者所加。
②矜：自大，自誇。
③厲：外表嚴厲。
④失足：失去言行舉止的分寸。
⑤失色：喪失容色的矜持莊重。
⑥失口：喪失說話的真實性。
⑦憚：敬畏。

　　孔子說：「還是回去吧！君子隱逸不出但德行昭顯，不自我誇耀而受人尊敬，不疾言厲色而有威嚴，不必說話就能取信於人。」

　　孔子說：「君子不在人面前失去進退的節度，不失去莊重的表情，不喪失說話的分寸。所以，君子的外貌足以讓人敬服，神色足以令人敬畏，言語足以使人信任。」

君子風度

　　「溫而厲，威而不猛，恭而安」，這是孔子在弟子心中最全面、最深刻的形象，也是古代稱頌的君子風度。無論是內在的修養，還是外在的言談舉止，都令人神往。

　　「溫而厲」，是說孔子內心溫和、舉止莊重，同時嚴於律己。「威而不猛」，則指孔子外表威儀卻並不咄咄逼人，與普通人靠聲色俱厲為自己贏得威嚴形成鮮明對比。「恭而安」，則表現出孔子謙恭有禮、安詳自適的精神狀態。

　　孔子在舉手投足間能將溫與厲、威與不猛、恭與安統一起來，完美地體現了中庸之道。培養高尚的品德，善於把握「度」，才能保持內心的謙和與行為的從容。

㉒孔子世家贊①

〔漢〕司馬遷

太史公曰：「《詩》有之：『高山仰止，景行行止②。』雖不能至，然心鄉③往之。余讀孔氏書，想見其為人。適魯，觀仲尼廟堂、車服、禮器④，諸生以時⑤習禮其家，余祇回⑥留之不能去云。天下君王至於賢人眾矣，當時則榮，沒⑦則已焉。孔子布衣，傳十餘世，學者宗⑧之。自天子王侯，中國言六藝者折中⑨於夫子，可謂至聖矣！」

司馬遷像

①選自《史記》（中華書局 1959 年版）。標題為編者所加。
②高山仰止，景行行止：這是《詩經·小雅》中的詩句，
　　意思是：品德像高山一樣崇高的人，人們敬仰他；行為
　　光明正大的人，人們會向他學習。景行，大路。比喻光
　　明正大的行為。
③鄉（ㄒㄧㄤˋ）：古同「向」。
④禮器：祭祀的用具。
⑤以時：按時。
⑥祇（ㄓ）回：徘徊。
⑦沒：死去。
⑧宗：崇奉，效法。
⑨折中：取正，指用作判斷事物的準則。

　　太史公說：「《詩經》上有這樣的話：『高山仰止，
景行行止。』我雖然不能達到這種境界，但內心卻嚮往著。
我讀孔子的書，就可以想見他的為人。我到魯地去，參觀
孔子的廟堂、車輛、衣服和祭祀的用具，看到學生們按時
在孔子家廟裡學習禮儀，我在那裡徘徊流連，捨不得離開。
天下的君王，還有歷代的賢人多極了，他們當時榮耀顯貴，
可一死就悄然無聞了。孔子是一介平民，其學說已經流傳
了十餘代，讀書人至今都尊崇他。從天子王侯起，中國凡
是研究六藝的人，都根據孔子的學說來判斷是非。孔子可
以說是至高無上的聖人了！」

顏回眼中的孔子

　　「高山仰止，景行行止」是司馬遷對孔子的由衷讚歎和景仰，那麼，孔子在他的弟子顏回眼中是什麼形象呢？

　　顏回是這樣描述老師孔子的：「仰之彌高，鑽之彌堅，瞻之在前，忽焉在後。」意思是，老師和他所說的道理，抬頭仰望，越望越覺得崇高；越是努力鑽研，越是覺得深厚而不可窮盡。看著好像在前面，忽然又好像在後面。顏回對孔子的歎服之情溢於言表。

㉓嵇中散臨刑①

〔南北朝〕劉義慶

　　嵇中散臨刑東市②，神氣不變，索琴彈之，奏〈廣陵散〉③。曲終曰：「袁孝尼④嘗請學此散，吾靳⑤固不與，〈廣陵散〉於今絕⑥矣！」太學生⑦三千人上書，請以為⑧師，不許。文王⑨亦尋⑩悔焉。

注　釋

①選自《世說新語箋疏》（中華書局 1983 年版）。標題為編者所加。嵇中散，指嵇康，他曾做過中散大夫。因呂安被捕受牽連，遭鍾會誣陷被殺。

②東市：刑場。西漢時在長安東市處決判死刑的人，後來泛稱刑場為「東市」。

③〈廣陵散〉：古琴曲名。散，曲類名稱。

▲〈竹林七賢與榮啟期〉 南北朝磚畫

④袁孝尼：即袁准。袁准，字孝尼，陳郡人。以儒學知名，官至給事中。

⑤靳：吝惜。

⑥絕：絕傳，即失傳。

⑦太學生：在太學裡就讀的學生。太學，中國古代設於京城的最高學府。

⑧以為：把……當作……。

⑨文王：指司馬昭。司馬昭仕魏封晉王，死後被魏元帝加諡文王。

⑩尋：不久。

 文 意 ....

　　嵇康在刑場上將被處死時，神色不變，索琴彈奏，彈的是〈廣陵散〉。樂曲彈奏終了，他說：「袁孝尼曾經請求學習這支琴曲，我因珍愛一直拒絕教他，〈廣陵散〉從今以後要失傳了！」太學生三千人聯名上書司馬昭，請求拜嵇康為師，司馬昭沒有允許。嵇康死後不久，司馬昭也後悔了。

《世說新語》

　　《世說新語》是一部筆記小說，由南朝宋臨川王劉義慶及其門客編寫而成。

　　全書今本共三卷，收錄短篇故事一千餘則，分為德行、言語、政事、文學等三十六個門類，主要記述東漢末年到南朝宋時士大夫階層的言談風尚、瑣聞軼事。

　　全書反映了魏晉時期文人的言行以及上層社會的生活狀態，記載內容頗為豐富、生動，再現了所謂魏晉風度的面貌。

24 謝安赴宴①

〔南北朝〕劉義慶

　　桓公②伏甲③設饌④，廣延⑤朝士，因此欲誅謝安、王坦之⑥。王甚遽⑦，問謝曰：「當作何計？」謝神意不變，謂文度曰：「晉祚⑧存亡，在此一行。」相與俱前。王之恐狀，轉見於色。謝之寬容⑨，愈表於貌，望階趨席⑩，方作洛生詠⑪，諷⑫「浩浩洪流」⑬。桓憚其曠遠，乃趣⑭解兵。王、謝舊齊名，於此始判⑮優劣。

①選自《世說新語箋疏》（中華書局 1983 年版）。標題為編者所加。謝安，東晉大臣。
②桓公：即桓溫，東晉著名將領、權臣。
③伏甲：埋伏甲兵。甲，披鎧甲的士兵。
④設饌：安排宴席。
⑤延：邀請。
⑥王坦之：字文度，東晉大臣。
⑦遽：驚慌。

⑧晉阼：指晉朝政權。阼，皇位。這裡指國家政權。

⑨寬容：沉著、從容不迫的神態。

⑩望階趨席：將到臺階就快步走到座位上。望，視野所及。趨，疾走，小步快走。

⑪洛生詠：西晉洛陽一帶書生的詠吟聲，音色重濁。

⑫諷：用含蓄的語言暗示、勸告或指責。

⑬「浩浩洪流」：是嵇康〈贈秀才入軍〉中的詩句。

⑭趣：通「促」，急促，急忙。

⑮判：分辨。

文意

　　桓溫埋伏下甲兵，擺好宴席，遍請朝中官吏，想趁此機會殺掉謝安、王坦之。王坦之非常驚慌，問謝安：「應當作什麼打算？」謝安神情毫無改變，對王坦之說：「晉朝的存亡，就在此行。」兩人一起前往。王坦之的恐懼顯現在臉上，謝安的沉著、從容不迫更加見之於舉止神態上。謝安快到臺階時，就快步入席，還仿效洛陽書生重濁的聲調，詠誦嵇康「浩浩洪流」的詩句責諷桓溫。桓溫畏懼他曠達高遠的氣度，於是急忙撤走了甲兵。王、謝本來齊名，從這件事就分辨出了兩人的高低。

九品中正制

　　九品中正制，又稱九品官人法，是魏晉南北朝時期重要的選官制度，起源於漢魏之際，至西晉漸趨完備，南北朝時又有所變化。它上承兩漢察舉制，下啟隋唐之科舉，存世約四百年。

　　九品中正制的主要內容就是選擇「賢有識鑑」的中央官吏兼任大小中正官，負責察訪本州、郡、縣散處在各地的士人，綜合品行、才幹、門第定出「品」和「狀」，供吏部選官參考。共分為上上、上中、上下、中上、中中、中下、下上、下中、下下九品。九品中正制的名稱，正得於此。所謂狀，就是中正官對士人的評語。

　　九品中正制深刻地影響了魏晉南北朝社會的政治運行和士林風氣。

25 西施①

〔唐〕李白

西施越溪②女，出自苧蘿山③。
秀色掩今古，荷花羞玉顏。
浣④紗弄碧水，自與清波閒。
皓齒信⑤難開，沉吟碧雲間。
勾踐徵絕豔，揚蛾⑥入吳關。
提攜⑦館娃宮⑧，杳渺⑨詎可攀。
一破夫差國，千秋竟不還。

〈畫麗珠萃秀·吳西施〉 〔清〕赫達資

①選自《李太白全集》（中華書局 1977 年版）。西施：春
　秋末期越國人，以貌美著稱。
②越溪：地名，在今浙江諸暨。
③苧蘿山：地名，在今浙江諸暨。
④浣：洗。
⑤信：果真，的確。
⑥揚蛾：揚起蛾眉。表示美女的嬌態。
⑦提攜：牽扶。
⑧館娃宮：古代吳宮名，吳王夫差為西施所建。
⑨杳渺：悠遠的樣子。

　　西施本是越溪邊、苧蘿山下的一個普通女子。她容顏
美麗，從古到今無人能及，連清豔的荷花都愧羞不如。西
施在越溪浣紗，撥弄著綠水，自由自在，如同清波一樣悠
閒。確實很少見她露出潔白的牙齒，此刻她正對著水中的
碧雲沉吟呢。越王勾踐欲報仇雪恥，在越國徵集美女，西
施揚起蛾眉，嬌態萬方，於是被越王選中送去了吳國。她
深受吳王夫差的寵愛，被安置在館娃宮，高不可攀。等到
勾踐打敗夫差之後，西施就隱遁江湖，一去不復還。

沉魚落雁

「沉魚落雁」的典故最早出自《莊子》。《莊子·齊物論》中記載：「毛嬙、麗姬，人之所美也；魚見之深入，鳥見之高飛，麋鹿見之決驟，四者孰知天下之正色哉？」意思是說，毛嬙、麗姬的容顏使人驚豔，魚鳥麋鹿見了卻都紛紛躲避，萬物中美並沒有統一的標準。

後世詩文中多據此附會闡發，經常用「沉魚」「落雁」來形容女子容貌極其美麗。

行知園

口能誦

我會背誦本單元所有課文並能完成下面的填空。

（1）子言之：「歸乎！君子隱而顯，＿＿＿＿＿＿＿，
＿＿＿＿＿＿＿，不言而信。」

（2）子曰：「君子不失足於人，＿＿＿＿＿＿＿，
＿＿＿＿＿＿＿，是故君子貌足畏也，＿＿＿＿＿＿＿，
言足信也。」

學而思

1. 將下列詩文與對應的篇目用直線連接起來，並思考其含義。

丹唇外朗，皓齒內鮮。 〈觀公孫大娘弟子舞劍器行〉

昔有佳人公孫氏，一舞劍器動四方。 〈西施〉

皓齒信難開，沉吟碧雲間。 〈洛神賦〉

2. 請結合《世說新語》中謝安、王坦之赴宴的情節，嘗試分析古人重視容止風度的原因。

行且勉

　　中國古代還有哪些描寫人物容止風度的名篇？請查一查，然後將所查到的逸聞趣事記下來。

妙手傳神

中國繪畫的歷史源遠流長。人物畫從戰國、漢魏逐漸成熟，隋唐已有山水畫、花鳥畫，五代兩宋臻於繁榮。水墨體隨之盛行，文人畫在宋代已有發展，至元而大興。繪畫名家輩出，繪畫作品百花爭豔，有關著錄浩如煙海。學習一些繪畫的知識，有助於提升我們的藝術鑑賞能力。

㉖戲題王宰畫山水圖歌①

〔唐〕杜甫

　　十日畫一水，五日畫一石。能事②不受相促迫，王宰始肯留真跡。壯哉崑崙方壺③圖，掛君高堂之素壁④。巴陵洞庭日本東，赤岸⑤水與銀河通，中有雲氣隨飛龍。舟人漁子入浦漵⑥，山木盡亞⑦洪濤風。尤工遠勢古莫比，咫尺應須論萬里。焉得并州⑧快剪刀，翦取吳松半江水。

▼〈遊春圖〉〔隋〕展子虔

①選自《全唐詩》（中華書局 1999 年版）。王宰，唐代山
　水畫家。

②能事：擅長之事，這裡指繪畫。

③崑崙方壺：均為傳說中的神山，泛指高山。詩中的崑崙、
　方壺意在表現山勢巍峨雄奇之美。

④素壁：白色的牆壁。

⑤赤岸：這裡泛指土石呈赤色的崖岸。

⑥浦溆：水邊。

⑦亞：俯伏。

⑧并（ㄅㄧㄥ）州：地名，唐開元時期為太原府，州治在
　今太原市，以產優質剪刀著稱，有「并州剪」之說。

　　畫家王宰十天畫一泓水，五天畫一塊石，繪畫是其所
長，從容作畫不受催促逼迫，才能留下真正的藝術品。他
創作的巍峨雄壯的崑崙方壺圖，掛在高堂素潔的牆壁上。
圖中的江水從巴陵的洞庭湖一直流向日本東部海面，赤紅
色的江岸水勢浩瀚渺遠，連接天際仿佛與銀河相通，雲氣
繚繞似飛龍舞動一般。畫面中狂風吹起，波濤洶湧，船工
和漁夫來到水邊躲避風浪，山中林木被吹得俯伏搖擺。王
宰尤其擅長展現畫面的高遠氣勢，沒有古人能比得上他，
咫尺的畫面上就可以表現萬里江山的景象。讓人驚奇的是，
他是從哪裡弄到的并州快剪，剪來吳松的半江水。

「六朝三傑」之陸探微

陸探微，南朝時宋畫家，吳（今江蘇蘇州）人，與顧愷之、張僧繇合稱「六朝三傑」。

陸探微的畫，承襲了顧愷之的繪畫技巧與風格，凡人物、肖像、佛像、蟬雀、獸禽、山水、花木等無所不工，但最為人稱道的還是人物肖像畫。所畫人物清瘦有神，被形容為「秀骨清像」，是南朝繪畫最具代表性的風格，展現了南朝清逸神俊的士人風度。就用筆而言，陸探微將書之法融入畫之法，吸收王獻之連綿書之特點，創作了「一筆劃」。如他畫的天王像，衣褶如草篆般，一袖作六、七摺，極具氣脈動感。

後人論及「六朝三傑」繪畫時稱「張得其肉，陸得其骨，顧得其神」。

▲〈洛神賦圖〉（局部）〔晉〕顧愷之

㉗氣韻生動①

〔宋〕鄧椿

　　畫之為用大矣，盈天地之間者萬物，悉皆含毫運思，曲盡其態②，而所以能曲盡者止一法耳。一者何也？曰傳神而已矣。世徒③知人之有神，而不知物之有神。此若虛④深鄙畫工，謂雖曰畫而非畫者，蓋⑤止能傳其形不能傳其神也。故畫法以氣韻生動為第一，而若虛獨歸於軒冕岩穴⑥，有以哉！

①選自《中國畫論輯要》（江蘇美術出版社 2005 年版）。
　標題為編者所加。

②曲盡其態：委婉詳盡地表現萬物的神態。

③徒：只是。

④若虛：郭若虛，宋代著名的書畫鑑賞家和美術理論家，
　著有《圖畫見聞志》。

⑤蓋：大概。

⑥軒冕岩穴：軒冕岩穴分別指貴顯和隱者。

文意

　　繪畫的功用是很大的，畫家可以通過自己的感受、構思，將充盈天地之間的萬物委婉而詳盡地展現出來。而繪畫之所以能如此展現萬物，只有一個辦法。這個辦法是什麼呢？是傳神罷了。世人只知道人有神韻，卻不知道除人外的其他萬物也有神韻。這讓郭若虛非常看不起畫工，說他們的畫不是真正的畫，大概因為這些畫工只能畫萬物外表的形態，卻不能傳其神。因此畫法以氣韻生動為第一要務，郭若虛認為只有天性高雅的軒冕才賢和岩穴上士才能做到這樣。這是有道理的。

外師造化，中得心源

　　唐代畫家張璪擅長畫山水松石。相傳，他曾用雙手同時作畫，一手畫枯枝，一手畫活枝。

　　張璪提出了「外師造化，中得心源」的繪畫理論。他認為：畫者作畫時，外在方面要以自然為師，善於觀察大自然；內在方面要深入領悟，充分發揮畫者的想像力和創造力。

　　「外師造化，中得心源」體現了天人合一的藝術觀念，追求物我之間、造化與心源之間的融會貫通。繪畫源於生活，師法自然才能體察入微、傳其神韻。同時，繪畫又要高於生活，畫者將對外在世界的觀察與內心的體悟、構想靈活地聯結在一起，使畫作既不失其真又獲得永恆的生命力。

28 傳神之似①

〔宋〕蘇軾

凡人意思②各有所在，或在眉目，或在鼻口，虎頭③云：「頰上加三毛④，覺精采殊勝。」則此人意思蓋在鬚頰間也。優孟學孫叔敖抵掌談笑⑤，至使人謂死者復生。此豈舉體⑥皆似，亦得其意思所在而已。使畫者悟此理，則人人可為顧、陸⑦。吾嘗見僧惟真⑧畫曾魯公⑨，初不甚似。一日，往見公，歸而喜甚，曰：「吾得之矣。」乃於眉後加三紋，隱約可見，作俯首仰視眉揚而額蹙⑩者，遂大似。

①選自《蘇東坡全集》（中國書店1986年版）。標題為編者所加。

②意思：神韻。

③虎頭：東晉畫家顧愷之，小字虎頭，故稱顧虎頭。

④頰上加三毛：顧愷之為裴楷畫像，在面頰上加三縷髭鬚，使其神采更加突出。

⑤優孟學孫叔敖抵掌談笑：《史記 滑稽列傳》記載，楚國

相國孫叔敖去世後，家人過著清貧的生活，一個叫孟的伶人，裝扮成孫叔敖的模樣去見楚莊王，優孟拍掌談笑逼真，楚莊王以為孫叔敖復生。優孟趁機講述孫叔敖家人境況，楚王封賞了孫叔敖的兒子。優，古代表演樂舞、雜戲的藝人。抵掌，擊掌，拍手。

⑥舉體：全身。

⑦顧、陸：顧愷之、陸探微。

⑧僧惟真：宋代僧人，擅畫人像，曾為宋仁宗、英宗畫像。

⑨曾魯公：曾公亮，北宋人，官至宰相（樞密使和同中書門下平章事，贈太師、中書令），封魯國公。

⑩頞蹙：鼻梁緊蹙。

大凡人的神韻，各有其外在的表現，有的表現在眉目，有的表現在鼻口，顧愷之說：「面頰上加三縷髭鬚，頓時覺得神采非常突出。」那麼這個人的神韻，大概在鬚頰之間。優孟穿戴楚相孫叔敖的衣帽拍著手談笑，模仿他的樣子，使楚王以為孫叔敖復生。這哪能全身都像呢？不過模仿了孫叔敖的神韻罷了。假使作畫的人領悟了這個道理，那麼人人都可以成為顧愷之、陸探微了。我曾經看到僧人惟真為曾魯公畫像，開始並不很相似。一天，惟真去見曾魯公，回來非常高興，說：「我知道怎麼畫了。」於是在眉後加了三條皺紋，隱約可見，畫中的曾魯公呈低頭向上看、眉毛揚起而鼻梁緊蹙的神態，於是和真人非常相似了。

顧愷之

　　顧愷之（約345—409），東晉畫家。字長康，小字虎頭。晉陵無錫（今屬江蘇）人。曾為桓溫及殷仲堪參軍，官至通直散騎常侍。多才多藝，工詩賦、書法，尤其精繪畫，有「才絕」「畫絕」「癡絕」之稱。多作人物肖像及神仙、佛像、禽獸、山水等。畫人注重點睛，自雲：「傳神寫照，正在阿堵中」。其畫筆跡周密，緊勁連綿如春蠶吐絲，後人以之與南朝宋陸探微並稱「顧陸」，號為「密體」，以區別南朝梁張僧繇、唐吳道子的「疏體」。著有《論畫》《魏晉勝流畫贊》《畫雲臺山記》，其中「遷想妙得」「以形寫神」等論點，對中國畫發展有很大影響。

㉙書畫之妙①

〔宋〕沈括

　　書畫之妙當以神會②，難可以形器③求也。世之觀畫者，多能指摘④其間形象、位置、彩色瑕疵而已，至於奧理冥造⑤者，罕見其人。如彥遠⑥畫評言王維畫物多不問四時，如畫花往往以桃、杏、芙蓉、蓮花同畫一景。余家所藏摩詰⑦畫袁安臥雪圖有雪中芭蕉，此乃得心應手，意到便成，故造理入神，迥⑧得天意，此難可與俗人論也。

▼〈寫生蛺蝶圖〉〔宋〕趙昌

①選自《夢溪筆談》（上海古籍出版社 2015 年版）。標題
　為編者所加。
②神會：用心神來領會。
③形器：有形的器物。
④指摘：挑出毛病，加以批評。
⑤奧理冥造：潛心探求奧妙的畫理，達到精深。
⑥彥遠：張彥遠，唐代繪畫理論家、美學家，著有《歷代
　名畫記》。
⑦摩詰：王維字摩詰。
⑧迥：突出，獨特。

　　書畫的奇妙之處，應該是用心神來領會的，很難說可
以從有形器物的外表上去尋求得到。世上觀賞畫的人，大
多只能指點畫中物體的形象、位置、色彩的毛病罷了；至
於潛心探求奧妙的畫理，達到精深造詣的人，則很少見到。
像張彥遠評論說，王維畫物，多數情況下不問四時。如畫
花往往將桃花、杏花、芙蓉、蓮花同時畫在一景中。我家
裡收藏的王維〈袁安臥雪圖〉，有雪中的芭蕉，這便是得
心應手，意蘊到了便成畫。所以，王維深得作畫的妙理，
獨得自然之意趣，這很難與俗人論說。

文同畫竹

　　文同（1018—1079），北宋時期著名的畫家、詩人。字與可，自號笑笑先生，梓州永泰（今四川綿陽鹽亭東）人。文同以擅長畫竹著稱，他注重觀察體驗，先有成竹在胸然後動筆，所畫之竹清秀逼真、姿態瀟灑。

　　為了畫竹，文同時常詳細觀察竹子枝葉狀態和生長情況，了解它們一年四季的各種變化。經過長期的觀察，文同在頭腦裡儲存了各種各樣的竹子的形象和姿態。因此，他在動筆作畫之前，要畫什麼樣的竹子、怎樣構圖、如何著墨心裡已有分寸。

　　文同創造了濃墨為面、淡墨為背之法，形成墨竹一派，對中國畫壇產生了巨大影響。同時代的蘇軾等人都向他學習畫竹，墨竹逐漸成為中國文人畫的重要題材。

▲〈雙松平遠圖〉（局部）〔元〕趙孟頫

㉚貴有古意①

〔元〕趙孟頫

　　作畫貴有古意，若無古意，雖工② 無益。今人但③ 知用筆纖細，傅色④ 濃豔，便自謂能手，殊不知古意既虧，百病橫生⑤ ，豈可觀也！吾所作畫似乎簡率，然識者知其近古，故以為佳。此可為知者道，不為不知者說也。

注 釋

①選自《中國歷代繪畫理論評注》（湖北美術出版社 2009
　年版）。標題為編者所加。古意，意為托古創新。這裡
　指發揚晉唐時期清遠、古雅的藝術風格並開啟繪畫的簡
　淡之風。
②工：精緻，精巧。
③但：只是。
④傅色：著色。
⑤橫生：肆意滋生。

文 意

　　作畫最重要的是要有清遠古雅的意蘊，如果沒有清遠
古雅的意蘊，即使畫得再精緻也沒有意義。如今的畫家只
知道用筆纖細，著色濃豔，便自認為是繪畫能手。殊不知，
如果缺乏清遠古雅的意蘊，各種毛病便會產生，那畫還有
什麼可觀賞呢！我所作的畫，看似簡淡率性，然而懂的人
卻知道其接近古人作畫的意蘊，所以認為畫得好。這只能
向懂畫的人說，不必向不懂的人說了。

元人冠冕——趙孟頫

趙孟頫（1254—1322），字子昂，號松雪道人，湖州（今屬浙江）人。是元代著名的畫家和書法家。書法自成一體，世稱趙體，繪畫上他開創了元代簡淡清遠、崇尚古雅意蘊、以書入畫的新畫風，被稱為「元人冠冕」。其代表作有〈鵲華秋色圖〉〈浴馬圖〉〈人騎圖〉〈洞庭東山圖〉〈蘭亭修禊圖〉等。

趙孟頫主張「作畫貴有古意」。他所提倡的「古意」是什麼呢？原來，「古意」並非完全的復古，而是既師古又創新。他反對南宋柔媚纖巧的畫風，注重神韻，追求清雅樸素的畫風，主張將書法用筆進一步引入繪畫創作，增強繪畫的藝術表現力，這是文人畫在形式美方面的重要開拓。

口能誦

我會背誦本單元所有課文並能完成下面的填空。

（1）焉得并州快剪刀，＿＿＿＿＿＿＿＿。

（2）＿＿＿＿＿＿＿＿＿＿＿，難可以形器求也。

（3）＿＿＿＿＿＿＿＿＿＿，若無古意，雖工無益。

學而思

將下列畫家與對應作品用直線連接起來。

顧愷之 　　　　　　　　　　　　〈鵲華秋色圖〉

閻立本 　　　　　　　　　　　　〈送子天王圖〉

吳道子 　　　　　　　　　　　　〈步輦圖〉

趙孟頫 　　　　　　　　　　　　〈洛神賦圖〉

行且勉

　　松、竹、梅被稱作「歲寒三友」，是中國畫的常見題材。將你所查找到的相關名畫與同學們分享。

心得筆記

A0601A07

朝讀經典 7：君子風度

主　　編	馮天瑜
版權策劃	李　鋒

發 行 人	陳滿銘
總 經 理	梁錦興
總 編 輯	陳滿銘
副總編輯	張晏瑞
編 輯 所	萬卷樓圖書股份有限公司
特約編輯	王世晶
內頁編排	小　草
封面設計	小　草
印　　刷	維中科技有限公司

出　　版	昌明文化有限公司
	桃園市龜山區中原街 32 號
電　　話	(02)23216565
發　　行	萬卷樓圖書股份有限公司
	臺北市羅斯福路二段 41 號 6 樓
	之 3
電　　話	(02)23216565
傳　　真	(02)23218698
電　　郵	SERVICE@WANJUAN.COM.TW

大陸經銷	廈門外圖臺灣書店有限公司
電　　郵	JKB188@188.COM

ISBN 978-986-496-387-4
2019 年 2 月初版
定價：新臺幣 460 元

如何購買本書：

1. 劃撥購書，請透過以下帳號
　帳號：15624015
　戶名：萬卷樓圖書股份有限公司
2. 轉帳購書，請透過以下帳戶
　合作金庫銀行古亭分行
　戶名：萬卷樓圖書股份有限公司
　帳號：0877717092596
3. 網路購書，請透過萬卷樓網站
　網址 WWW.WANJUAN.COM.TW

大量購書，請直接聯繫，將有專人為
您服務。(02)23216565 分機 10
如有缺頁、破損或裝訂錯誤，請寄回
更換

國家圖書館出版品預行編目資料

朝讀經典 . 7：君子風度 / 馮天瑜主編 . -- 初版 .
-- 桃園市：昌明文化出版；臺北市：萬卷樓發行，
2019.02
100 面；18.5x26 公分
ISBN 978-986-496-387-4(平裝)
1. 國文科 2. 漢學 3. 中小學教育
　523.311　　　　　　　　10800138

本著作物經廈門墨客知識產權代理有限公司代理，由湖北人民出版社授權萬卷樓圖書股份有限公司
出版、發行中文繁體字版版權。